Para Jo
DR

Para mi mamá y mi papá, quienes se conocieron bailando en el Palladium
EV

Gracias a Hilary Van Dusen y a Marietta Zacker por sus extraordinarios consejos.

Text copyright © 2021 by Dean Robbins
Illustrations copyright © 2021 by Eric Velasquez
Translation by Georgina Lázaro, copyright © 2021 by Candlewick Press

First edition in Spanish 2021

Library of Congress Catalog Card Number pending
ISBN 978-1-5362-0608-1 (English hardcover)
ISBN 978-1-5362-1335-5 (Spanish hardcover)

21 22 23 24 25 26 CCP 10 9 8 7 6 5 4 3 2 1

Printed in Shenzhen, Guangdong, China

This book was typeset in Filosofia.
The illustrations were done using oil paint on hot press watercolor paper.

Candlewick Press
99 Dover Street
Somerville, Massachusetts 02144

www.candlewick.com

¡MAMBO mucho MAMBO !

El baile que atravesó la barrera del color

DEAN ROBBINS
ILUSTRADO POR **ERIC VELASQUEZ**

TRADUCCIÓN DE **GEORGINA LÁZARO**

CANDLEWICK PRESS

Millie daba vueltas.
Agitaba los brazos y contoneaba las
rodillas.
Bailaba una suave melodía de jazz en
su barrio italiano.

Las trompetas resonaban.
Los saxofones vibraban.
Nadie bailaba la música de jazz
como Millie.

Pedro daba saltos.
Sacudía los hombros y agitaba los codos.
Bailaba los rápidos ritmos latinos en su barrio puertorriqueño.

Las maracas repiqueteaban.
Las congas retumbaban.
Nadie bailaba la música latina como Pedro.

La gente bailaba por toda la ciudad de Nueva York, en locales donde había música en vivo y mucho espacio para lucirse.

Pero tenían que seguir las reglas de los años 40. No se suponía que la gente de diferentes barrios se mezclara. Ni al bailar ni de muchas otras formas.

Los italianos bailaban en locales italianos.

Los puertorriqueños bailaban en locales puertorriqueños.

Los negros bailaban en locales de negros.

Los judíos bailaban en locales judíos.

Entonces llegó un grupo musical llamado Machito y sus Afrocubanos. Machito era un percusionista al que le encantaba todo tipo de música. Igual que a Mario Bauzá, su director musical y trompetista.

Además de usar las trompetas y los saxofones de jazz, usaban las maracas y las congas para producir un sonido totalmente nuevo llamado jazz latino.

¡Nadie jamás había oído música tan electrizante!
Las melodías eran brillantes y alegres.
Te invitaban a escucharlas.
Los ritmos eran cadenciosos y armoniosos.
Te impulsaban a moverte.

El jazz latino era música para la cabeza, el corazón y las caderas.
Todos lo bailaban. Los italianos. Los puertorriqueños. Los negros. Los judíos. Y muchos otros en la ciudad de Nueva York.

Si solo hubiera algún lugar donde pudieran bailar todos juntos.

En 1948 el Palladium, una sala de baile, rompió las reglas.

Su propietario, Maxwell Hyman, le abrió sus puertas a todos y contrató a Machito y sus Afrocubanos para que tocaran.

Llegaron los italianos, como Millie. Llegaron los puertorriqueños, como Pedro. Llegaron los negros, como Erny y Dotty. Llegaron los judíos, como Harry y Rose.

Llegó gente de muchos otros barrios. Escucharon la nueva y llamativa música de Machito e intentaron una nueva y llamativa forma de bailar.

¡Mambo!

Los bailarines de mambo iban hacia delante y hacia atrás, de un lado al otro.

Los pies daban golpes y se movían rápidamente.
Los cuerpos giraban y se balanceaban.

Machito gritaba desde la tarima.

Millie se meneaba y daba vueltas en un extremo del salón de baile del Palladium.

Pedro se retorcía y giraba en el otro.

Se acercaron . . .

más y más . . .

Y por fin bailaron juntos.

Millie y Pedro inventaron pasos de mambo para dos. ¡Pasos elegantes, llamativos, espectaculares! La chica italiana y el muchacho puertorriqueño se convirtieron en la mejor pareja de mambo del Palladium. Luego en los mejores de la ciudad de Nueva York. Luego en los mejores de los Estados Unidos.

Millie y Pedro le demostraron al mundo que cualquier persona, en cualquier momento y en cualquier lugar puede bailar con otra al ritmo del jazz latino.

Nota del autor

El verdadero nombre de Machito era Francisco Raúl Gutiérrez Grillo. En 1940 formó su banda, Machito y sus Afrocubanos, e impulsó la creación del jazz latino. La orquesta interpretaba sus composiciones al estilo sofisticado de los arreglos del jazz popular en los Estados Unidos, improvisando con instrumentos tradicionales del jazz como la trompeta y el saxofón. Pero además incorporaron instrumentos latinoamericanos, como maracas y congas, y poderosos ritmos bailables de África y países de Latinoamérica, como Cuba, de donde era oriundo Machito.

Mario Bauzá, que compuso las canciones típicas para Machito y sus Afrocubanos, comparó esa música, que combinaba influencias de muchas culturas, con las capas de un pastel de limón y merengue: el jazz en la parte de arriba y los ritmos afrocubanos debajo.

Machito, Tito Puente, Tito Rodríguez y otros grandes directores de orquestas de jazz latino se iniciaron en un sector de Nueva York llamado Spanish Harlem y alcanzaron popularidad entre los muchos residentes latinos del vecindario. Pronto llevaron su música tres millas hacia el sur, hasta el Palladium, que recibía seguidores de todos los barrios. El variado público del Palladium se maravilló del amplio alcance de expresión del jazz latino, que oscilaba desde la elegancia hasta la euforia. Yo presencié la orquesta de Puente tarde en su carrera y me deslumbré con su música jubilosa, igual que les pasó a los primeros que la escucharon en la década de los cuarenta.

El jazz latino hacía reflexionar a aquellos que prestaban atención cuidadosa a la composición creativa y a los solos. Era profundamente emotivo para los que respondían a las interpretaciones apasionadas. Y era un baile divertido para los que solo querían pasarlo en grande.

El estilo del nuevo jazz latino iba muy bien con un nuevo baile, el mambo, que había llegado de Cuba. Con piezas como "Mambo, mucho mambo" los bailarines se movían al ritmo intenso de la música, dando pasos rápidos mientras meneaban sus caderas suavemente. Cada pareja añadía sus propias ideas, desde saltos hacia atrás, hasta caer con las piernas abiertas.

Algunos de los bailarines del Palladium fueron muy reconocidos por sus talentos especiales. Ernie Ensley y Dotty Adams daban saltos brutales que muchos trataban de imitar. Harry y Rose Fine bailaban mientras Harry trabajaba como fotógrafo del salón de baile. ¡A veces Harry tomaba fotos mientras se deslizaba de rodillas por el suelo bailando mambo!

Millie Donay ganó un concurso de baile en el Palladium en 1950 y Pedro Aguilar también. Se conocieron en el salón de baile, se casaron y se convirtieron en una de las mejores parejas de mambo del país. Como eran una pareja racialmente mixta, también desafiaron los prejuicios de la época. Muy poca gente había visto en público a una mujer blanca y a un hombre de color bailando juntos con orgullo.

Al desafiar la segregación, el Palladium le abrió el camino al movimiento de derechos civiles de los años 50. En la década de los sesentas este movimiento logró que cambiaran las leyes de Estados Unidos para que la gente de cualquier origen pudiera mezclarse en un salón de baile o en cualquier otro lugar.

Fuentes

Acosta, Leonardo. *Cubano Be, Cubano Bop: One Hundred Years of Jazz in Cuba*. Washington, DC: Smithsonian Books, 2003.

Collier, James Lincoln. *The Making of Jazz*. New York: Dell, 1978.

Fernandez, Raul A. *From Afro-Cuban Rhythms to Latin Jazz*. Berkeley: University of California Press, 2006.

Leymarie, Isabelle. *Cuban Fire: The Story of Salsa and Latin Jazz*. New York: Continuum, 2002.

Machito and His Afro-Cuban Orchestra. *Mambo Mucho Mambo: The Complete Columbia Masters*. Sony, 2002, CD.

"Mambo Dance Steps Online." www.learntodance.com/mambo-dance-lessons/.

McCabe, Daniel, dir. *Latin Music USA*. Episode 1, "Bridges." Aired October 13, 2009, on PBS. www.pbs.org/wgbh/latinmusicusa/home/.

McMains, Juliet. Palladium-Mambo.com. www.palladium-mambo.com.

Puente, Tito. *The Essential Tito Puente*. Sony Legacy, 2005, CD.

Rodríguez, Tito. *The Best of Tito Rodríguez & His Orchestra*, vols. 1 and 2. Sony US Latin, 2004, CD.

Roy, Maya. *Cuban Music: From Son and Rumba to the Buena Vista Social Club and Timba Cubana*. Princeton, NJ: Markus Wiener, 2002.

Salazar, Max. *Mambo Kingdom: Latin Music in New York*. New York: Schirmer, 2002.

Sublette, Ned. *Cuba and Its Music: From the First Drums to the Mambo*. Chicago: Chicago Review Press, 2004.